Rodrigue Sai Aka

Fils de Résistance

Rodrigue Sai Aka

Fils de Résistance

Nous sommes plus forts que le monde, la chair et le serpent ancien

Éditions Croix du Salut

Imprint
Any brand names and product names mentioned in this book are subject to trademark, brand or patent protection and are trademarks or registered trademarks of their respective holders. The use of brand names, product names, common names, trade names, product descriptions etc. even without a particular marking in this work is in no way to be construed to mean that such names may be regarded as unrestricted in respect of trademark and brand protection legislation and could thus be used by anyone.

Cover image: www.ingimage.com

Publisher:
Éditions Croix du Salut
is a trademark of
International Book Market Service Ltd., member of OmniScriptum Publishing Group
17 Meldrum Street, Beau Bassin 71504, Mauritius

Printed at: see last page
ISBN: 978-3-330-70763-4

Table de matières

Dédicace

Ce livre est une preuve de la grâce et de l'amour infini de Dieu démontrés à l'égard de tous les Hommes.

Il est dédié à tous les jeunes, à toutes les personnes reconnaissant leur incapacité à sortir du gouffre dans lequel Satan les a plongées.

A toutes les personnes désireuses de résister à la chair, au monde et à Satan dans toutes ses œuvres contre elles et dans leur vie, est dédié ce livre.

Ce livre est dédié à tout le Corps de Christ sans exception aucune car tous les chrétiens sont uns et forment une seule famille en Christ.

Dieu vous bénisse d'en faire bon usage.

REMERCIEMENTS

Je suis très reconnaissant à notre Dieu et notre Sauveur qui est Amour et plein de grâce. Quand je tourne un regard en arrière dans l'histoire de ma vie, je me rends compte que je suis réellement le résultat d'une grande grâce du Seigneur.

Gloire soit rendue à Dieu le père de notre Seigneur Jésus-Christ qui me fait grâce en toute chose. Béni soit le Dieu D'Israël qui m'a donné mots après mots, phrases après phrases, les lignes de ce livre ***''FILS DE RESISTANCE''***. C'est Lui qui m'a donné la sagesse, la grâce et la capacité d'écrire ce livre.

Je béni le Seigneur Jésus pour la vie de l'Eglise de Dieu, l'Epouse de Christ, celle qu'Il viendra chercher. Dieu bénisse tous Ses serviteurs : Apôtres, Prophète (sse) s, Pasteurs, Enseignants, Evangélistes, Anciens, Diacres, Diaconesses et tous les dirigeants pour leurs efforts.

Une pensée particulière au Pasteur GNAORE Raymond Bernard et son Epouse (Tunisie) pour les différentes corrections et suggestions qui ont donné sens à mes phrases. Le Maître de l'œuvre les soutient et les bénisse dans la mission.

Je ne voudrais pas manquer de mentionner la famille ABBOFF COFFI (Abidjan), mention spéciale à Joëlle ABBOFF, M. Ange Louis AMANGOUA, M. Pascal KOUAO, Me Ahabram TANOH pour leur soutien spirituel, financier, moral et tous leurs conseils. Je prie le Seigneur de les bénir.

Dieu bénisse l'Apôtre KOBINA ATTAH, Directeur d'institut Biblique en Côte-d'Ivoire et son Epouse Philomène pour leur orientation, avis, conseils et prières. Malgré son programme chargé, l'Apôtre a accepté d'écrire l'avant-propos de ce livre.

Nul ne peut mesurer le soutien de sa famille dans la rédaction d'un livre. Ils sont privés d'une partie du temps précieux qu'ils auraient pu partager avec nous, sans compter les détails, les conseils, les suggestions, et l'aide inexprimable apportés tout le temps. Je suis reconnaissant à mes deux familles KADJA et SAI surtout à ma nièce Grâce Divine qui ne manquait pas de m'égayer malgré toute la fatigue de mes nuits blanches. Puisse le Seigneur les bénir tous.

SAI AKA RODRIGUE

ABIDJAN, Novembre2016

AVANT-PROPOS

Ne dit-on pas que la vie est un combat ? Cependant cette expression ci-dessus est interprétée selon la compréhension qu'on a des difficultés de la vie. De même beaucoup de personnes savent qu'il existe une dualité : le bien et le mal, la lumière et les ténèbres, Satan et Dieu etc mais elles ignorent l'origine du vrai combat de l'humanité. Seule la Bible, l'unique Parole infaillible de Dieu nous révèle la vraie source. De par la Bible nous savons que ce combat a commencé au ciel entre Satan, l'ange déchu et Son créateur, Dieu.

Dans ce livre intitulé ''Fils de résistance'', l'auteur SAI AKA Rodrigue, révèle les trois ennemis du chrétien (Satan, la Chair et le monde) et la position de force du croyant.

Bien que Satan soit vaincu à la croix par l'œuvre rédemptrice de notre Seigneur Jésus-Christ, il essaie tant bien que mal de s'opposer aux chrétiens en exploitant leur méconnaissance des armes du croyant.

De même l'auteur insiste qu'il ne faut pas confondre les œuvres de la chair au diable.

Dans ce livre, l'auteur s'inspire du livre de Jacques chapitre quatre au verset sept (Jacques 4 :7) pour démontrer que le vrai chrétien ne doit pas aller d'échec en échec parce que sa position en Christ lui donne la victoire sur Satan, la Chair et le monde. Voilà pourquoi tout enfant de Dieu doit résister au diable en exploitant les armes de Dieu mises à sa disposition et révélées dans ce livre.

Désormais, tout chrétien né de nouveau peut résister au diable parce que celui qui est en lui est plus grand que celui qui est dans le monde.

Enfin, je recommande le livre de SAI AKA Rodrigue à tout le corps de Christ dans le monde.

Apôtre KOBINA ATTAH

Introduction

Je me suis demandé plusieurs fois ce que j'aurais à dire aux hommes avec mon si jeune âge.

Je n'avais jamais pu oublier cette pensée que m'avait dite l'un de mes grand-frères. Cette pensée m'a diminué des années durant. Il m'avait dit : *« Eeeh petit tu n'as rien à dire ici, tu ferais mieux de te taire. D'ailleurs ton avis ne compte pas. »*

Cette pensée ne m'avait pas quitté l'esprit jusqu'à ce jour.

Serait-ce que je suis inutile ? Ne suis-je pas fais à l'image de DIEU comme les autres ? Suis-je sur la terre pour accompagner les autres ?

Non et non. Lorsque je vais dans la Bible, elle m'enseigne le contraire. Dieu me connaît et m'a prédestiné, alors j'ai aussi quelque chose à dire. Je suis là pour quelque chose dont à besoin ce monde. Mon

Créateur a mis quelque chose en moi avant de m'envoyer sur la terre.

Tout homme a quelque chose de particulier en lui. Chaque être humain est unique et donc est appelé à faire ce pour quoi il est là.

La parole de l'Eternel fut adressée à Jérémie *: «Avant que je t'eusse formé dans le ventre de ta mère, je te connaissais et avant que tu fusses sortis de son sein, je t'avais consacré, je t'avais établis prophète des nations.* » Jérémie 1 :5

C'est alors que j'ai compris qu'il me fallait faire résistance à cette pensée. J'ai donc refusé cette pensée de toutes mes forces. Je ne me voyais plus inférieur, incapable mais je voyais plutôt qu'en moi comme en tout autre homme, il y avait un dépôt pour faire blocage à l'œuvre de Satan dans ma vie et dans celle des autres.

Etant jeune, j'ai beaucoup souffert du péché de notre époque : ***l'impudicité***. Je suis né dans une famille chrétienne, une famille où l'on aime le Seigneur Jésus véritablement.

Mais cela ne m'avait pas empêché de faire comme les autres jeunes gens de mon époque. J'étais tenté de vivre comme les autres. Je commettais l'impudicité et regrettais pendant deux, trois jours voir même une semaine et après j'y retournais facilement. J'eus plusieurs fois le cœur meurtri pour mes actes ; des moments de remords intenses. Mais je ne savais pas comment arrêter.

J'entendais bien les enseignements sur la Sanctification chaque fois que j'étais au Temple. Souvent des prophéties venaient directement jusqu'à mon cœur. Malgré tout cela ma décision de tout abandonner n'était pas radicale. Je pouvais prendre une décision mais elle ne durait pas plus d'une année.

Ce n'est pas une confession de mes péchés mais une occasion de sortir tous mes frères et sœurs désireux d'abandonner les manifestations de la chair, les œuvres du monde et du diable pour rejoindre la Gloire infinie de leur Père, sa présence et son amour.

Je suis donc convaincu de pouvoir faire ce que j'ai à faire. De mettre au service des autres, le dépôt que j'ai en moi. Je suis ***né pour faire échec à Satan avec l'aide du Seigneur Jésus***.

Je n'oubli pas les moments de tristesse. J'étais toujours triste de pécher contre Dieu et j'avais même commencé à croire qu'il m'était impossible d'arrêter des pratiques pareilles.

Pour moi le pouvoir du monde, de Satan et de la chair était trop fort pour que je puisse mettre fin à cette vie.

Quand nous pratiquons un péché quelconque sachons que c'est une prison dans laquelle Satan et la chair nous mettent par notre propre comportement.

Nombreux sont ceux qui me blâmerons. Mais je veux bien rappeler cette parole biblique qui stipule que ***« tous ont péché et sont privés de la Gloire de DIEU »***. (Rom 3 :23)

Nul être humain n'est exempt de péché. Même pas un seul. C'est le sang de Jésus qui nous purifie de tous péchés.

J'étais toujours dans cette vie quand un jour le Seigneur a attiré mon attention sur la profondeur du passage de ***Jacques 4 :7 « Soumettez-vous donc à Dieu ; résistez au diable, et il fuira loin de vous. »***

Alors j'ai commencé à me poser toutes les questions possibles. Qui suis-je ? Ne suis-je donc pas n'importe qui ? La chair et le monde n'ont donc pas de pouvoir sur moi ? Alors Satan que je crains peut-il fuir devant moi ? Satan n'a donc pas le pouvoir qu'il prétend avoir ? Ai-je donc le pouvoir de lui résister? Satan, la chair et le monde sont-ils donc obligé de fuir devant ma résistance ? Satan n'est donc pas fort, parce que celui qui est fort ne fuit jamais.

C'est en ce moment que j'ai remercié le Seigneur de m'avoir ouvert les yeux. Je m'en suis réjoui et j'ai compris que ma vie devrait être une résistance à Satan pour la Gloire de Dieu. J'ai su que je suis né pour faire échouer Satan, pour lui résister, et lui est obligé de fuir. *Je suis donc* ***Fils de résistance***.

Les **fils de résistances** font la joie de leur Père Céleste. Ils font montre de leur force et de l'autorité que le puissant Jésus leur a conférée depuis qu'Il est allé à la Croix.

Dieu aime ceux qui sont fiers d'être Ses Enfants, de reconnaître leur identité.

Satan recule devant celui qui connait ses droits célestes, devant celui qui donne la force de résistance à son esprit. ***« Car le bien que je veux faire… » Romains 7 :19***

Remarquons que c'est l'éminent Apôtre Paul qui parle.

Nous pouvons jeûner, prier, lire la parole mais nous pouvons tomber facilement dans les ruses du diable pas parce que nous sommes faibles mais parce que nous ne résistons pas au diable dans notre pensée.

Satan nous voit domptables. Pour lui, il ne faut pas reculer devant l'homme. Alors il est à nos trousses. Résistons-lui ! Résistons-lui !

Il ne peut rien contre nous sinon que fuir devant notre résistance.

Des hommes ont été puissamment utilisés par le Saint-Esprit mais ont mal fini la marche avec Dieu. Ils sont tombés dans les ruses du diable.

Notre slogan est le suivant :

FILS DE RESISTANCE !

SATAN LUI-MEME FUIT DEVANT NOUS !

Pendant que l'ennemi multiplie ses stratégies contre nous, nous ne devons plus dormir. Nous avons intérêt à lui faire blocage par les stratégies que le Seigneur nous donne pour aider assez de personnes à parvenir au salut éternel.

Puisse le Dieu de toute force, de toute puissance, de toute intelligence et de toute sagesse vous donner la sagesse et l'intelligence de comprendre et sortir de la prison de tout péché qui vous domine, de toute situation qui vous empêche de voir la Gloire de Dieu.

Ce n'est pas que je suis déjà arrivé, d'ailleurs je suis toujours dans ce corps mortel, alors je n'ai même pas le droit de me voir au sommet de ma marche avec Christ bien au contraire « je traite durement mon corps et je le tiens assujetti » priant humblement mes frères de se souvenir de moi chaque fois qu'ils se présenteront devant le trône de notre victoire.

Maintenant sachez une chose votre Père Céleste sait pourquoi vous avez cet ouvrage dans les mains.

Il vous couvre donc de sa Présence et vous donne de comprendre Ses pensées pour vous.

SAI Aka Rodrigue Abidjan, 09 Novembre 2016

CHAPITRE I : L'IMMINENCE DE LA RÉSISTANCE

La rédaction de cet ouvrage s'est faite avec beaucoup de grâce de l'Eternel. Lorsque le Seigneur m'a ouvert les yeux sur le passage de **Jacques 4 :7** ; je ne savais pas qu'il préparait mon esprit à la rédaction d'un livre.

Un soir le Seigneur venait de me donner encore la victoire sur Satan. Je venais de lui résister et naturellement il avait prit la fuite devant moi. La fuite de Satan, chaque fois que je lui résiste est devenu une chose naturelle.

Cette nuit la même, le Seigneur m'avait donné les phrases des six premiers chapitres sans assez d'efforts. Je compris alors que le besoin était pressant. Je compris que le Seigneur voulait que Ses enfants apprennent à résister au diable et qu'il fuira loin. Alors je ne pouvais que bénir ce Dieu qui voulait faire de moi un canal pour véhiculer Sa pensée.

Dieu nous donne une occasion de révéler au monde et à tous les hommes un véritable secret qui non seulement va bouleverser notre monde mais va sortir beaucoup de captifs de la prison spirituelle de Satan et ses alliés.

Surtout en ce moment où le retour de Christ est imminent, Satan cherche une occasion, disons qu'il utilise tous les moyens pour précipiter le maximum de personnes avec lui dans le feu.

L'imminence de la résistance étant réelle dans la vie du chrétien, il nous faut une étude sustente sur sa nature, son identité et ses droits.

- Le Chrétien (Actes 11 :26) est un être humain qui cesse de vivre pour laisser vivre Christ en Lui.

Lisons ensemble ***Galates 2 :20 «j'ai été crucifié avec Christ ; et si je vis, ce n'est plus moi qui vis, c'est Christ qui vit en moi ; si je vis maintenant dans la chair, je vis dans la foi au Fils de Dieu, qui m'a aimé et qui s'est livré pour moi. »***

Maintenant, nous portons l'Esprit de Christ dans notre chair. Et cet Esprit de Christ est détesté de l'ennemi de Dieu. Directement nous sommes aussi détestés de l'ennemi de Dieu. Il nous hait plus que tout. Tout ce qu'il voudra c'est notre honte, notre échec, notre malheur, notre tristesse et notre mort.

- Le chrétien est un étranger dans ce monde (1 Pierre 2 :11).

Ainsi étranger que nous sommes, nous ne devrions pas nous intéresser aux pratiques de ce monde : l'alcool, la cupidité, les immoralités et toutes ces belles choses éphémères que nous voyons dans notre patrie d'accueil.

En réalité, le chrétien qui ne résiste pas encore oubliera son pays d'origine à cause de tout ce qu'il voit dans le pays d'accueil.

- Le chrétien est un disciple du Seigneur (Actes 9 :1).

Ceci dit, il suit son maître Jésus qui lui montre le chemin à suivre et lui enseigne toutes choses. Le disciple de Christ devrait ressembler à son maître mais l'ennemi de son maître fait tout pour l'en empêcher. Il est très difficile au chrétien qui ne résiste pas d'être comme son maître Jésus.

- Le chrétien est un croyant

Actes 2 :44 «Tous ceux qui croyaient … »

La Bible parle toujours du chrétien qui est vu ici comme un croyant. Il croit au Dieu qui l'a aimé et livré son fils unique pour le sauver (Jean 3 :16). Le chrétien peut confesser sa croyance au Seigneur mais malgré tout, le doute grandit en lui tant qu'il ne commence pas sa résistance.

Voilà pourquoi nous sommes découragés quand nous sommes en attente d'une intervention de Dieu dans nos vies. Pendant ce temps, le Chrétien perd le courage de prier et même pense que cela ne sert plus à rien de prier, de continuer de parler à Dieu s'Il ne nous exauce pas. Tristement certains Chrétiens se demandent si le Dieu Vivant les entend toujours ?

Là je ne veux pas laisser le doute vous ronger. Car le Dieu que nous servons est vivant et puissant pour nous exaucer.

Sa main puissante est tendue pour agir dans nos vies. Notre Dieu est le Capable des capables. Psaumes 139 :10 ,17 :7

- Le chrétien est enfant de Dieu

Actes 1 :12, Romains 8 :16 « L'Esprit lui-même rend témoignage à notre esprit que nous sommes enfants de Dieu. »

Pendant que l'Esprit rend témoignage à notre esprit que nous sommes Enfants de Dieu ; l'ennemi nous fait croire par tous les moyens que nous avons perdu notre titre.

Pour Satan, il est inadmissible que nous soyons les Enfants du Dieu puissant. Son plan pour nous serait que nous perdions notre identité et notre droit d'enfant de Dieu. En réalité, il n'a pas le pouvoir de changer notre identité, alors il ne fait que nous rappeler nos fautes, nos erreurs et nos péchés passés pour affaiblir notre esprit et nous dominer.

- Le chrétien est un ami de Christ Jean 15 :14

Nous sommes désormais les amis de Christ. Mais une condition nous est posée ; si nous faisons ce que nous commande notre ami Jésus. Le chrétien sans résistance n'arrive pas à faire tout ce qui lui est recommandé par son ami. Il pourra tout essayer mais en vain.

- Le chrétien est sanctifié

I Corinthiens 1 :2 , II Corinthiens 1 :1

Jésus nous a sanctifiés par son sang versé sur la Croix de Golgotha. Nous sommes donc sanctifiés et appelés à être saints.

Avant la résistance, la sanctification est impossible pour le chrétien et aussi il ne peut plus rien recevoir de Dieu. Dieu n'écoute plus ses prières et ne se préoccupe de ses supplications tant qu'il ne se détourne pas de ses péchés. Il n'a plus droit à l'héritage de Dieu. C'est l'objectif de Satan dans nos vies ; empêcher notre évolution spirituelle, matérielle et financière.

- Le chrétien devrait hériter de Dieu

Romains 8 : 16-17 : « (...) nous sommes aussi héritiers : héritiers de Dieu, et cohéritiers avec Christ, (...) »

Parce que nous sommes les enfants de Dieu, nous devrions être directement admis à l'héritage de Dieu et être cohéritiers avec Christ.

L'or et l'argent appartiennent à notre Dieu. Mais bon nombre de pauvres se trouvent dans nos églises. Pas parce que notre Dieu est misérable mais parce que nous sommes influencés par les pensées que Satan met dans notre esprit pour nous affaiblir et nous rendre pauvre. Tout ce que fait le diable, c'est de nous maintenir dans sa prison de pauvreté. Il nous fait croire des mensonges sans oublier qu'il prend beaucoup de peine à embellir son mensonge.

Satan, c'est le père du mensonge, il a bien le pouvoir de faire passer ses mensonges pour la vérité ; faisons donc très attention à lui.

Quand la Bible précise que l'or et l'argent appartiennent à Dieu c'est pour nous dire que nous sommes admissibles à recevoir cela sans que rien ne s'interpose.

S'il y a opposition, c'est de notre faute car notre Père a déjà fait sa part. Tout ce qu'Il nous demande pour entrer en possession de cet héritage c'est de demander. (Matt 7 :7)

Le feu vert est donné par décret céleste (Jean 15 :7)

Le chrétien a tout ce qui lui faut ; tout lui a été donné par son père céleste.

Quel qu'en soit notre origine, notre race, la couleur de notre peau dès que nous venons à Christ et que nous l'avons accepté nous Lui appartenons mais nous sommes engagés dans un combat qui n'est pas physique. D'où l'utilisation de forme physique d'armes de guerres devient inutile.

L'imminence de la résistance est donc visible à tous. La chair, le monde et Satan se dressent contre tous les hommes mais plus particulièrement contre le chrétien animés d'une grande colère.

Sans résistance, tout ce que pense pouvoir faire le chrétien est balayé et empêché par ses ennemis.

Gloire soit rendu au Dieu vivant et puissant qui nous rend fort et capable de résister contre toutes les œuvres de nos ennemis dans notre vie et dans nos projets. A nous donc de savoir de quelle résistance s'agit-il pour bien mener le combat.

CHAPITRE II: DE QUELLE RÉSISTANCE S'AGIT-IL ?

Jacques 4 :7 nous ordonne de résister au diable.

Le Saint-Esprit nous ramène dans les cours de philosophie de la classe de Terminale où nous avons eu plus d'approfondissement sur le conscient et l'inconscient. Cela nous sera d'une grande efficacité.

Le professeur nous a précisé que le conscient est considéré comme un cercle plus petit dans un cercle plus grand. Toujours avec les professeurs, ils n'ont pas manqués de nous dire que le conscient constitue le 1/10 du psychisme humain alors que l'inconscient occupe les 9/10 restants.

Tout ce ramassage de pensées pour éclairer notre esprit sur la résistance que nous devons mener.

C'est l'inconscient qui occupe plus d'espace et donc qui regorge de plus d'éléments. Dans ce magasin se trouve tout ce que nous souhaitons refouler de notre esprit, tout ce que nous jugeons d'anormale et d'inutile. Dans cet espace, se retrouvent les mauvaises pensées, les comportements immoraux, les pensées qui nous rabaissent, qui nous empêchent d'aller dans la Gloire de Dieu, de faire des exploits dans notre vie. Là se trouve les accusations que nous portons aux autres- c'est à cause d'un tel que je suis ainsi ; si je n'ai pas réussi ma vie c'est la faute à ma mère ou à mon père ; si on m'avait scolarisé je ne serais pas ici- les complexes d'infériorités, les échecs de notre vie passé, les envies naturelles, les pulsions sexuelles, la méchanceté, la vengeance, la cupidité et tout ce qui n'est pas en rapport avec la parole de Dieu.

Dans le conscient se trouve toutes les bonnes mœurs, tout ce qui est en rapport avec la parole de Dieu. (Galates 5 : 22-23). Mais il est englouti par la force de l'inconscient.

La société condamne les œuvres de la chair manifestées par l'inconscient. Le vol est condamné par la société, raison pour laquelle le voleur n'a plus de défense quand il est déclaré coupable. Nous sommes tous d'accord sur ce point.

Nous avons trouvé une solution en condamnant les œuvres de l'inconscient mais force est de constater que l'inconscient est toujours à l'œuvre, il se manifeste d'une manière aujourd'hui et d'une autre demain. Nous ne pouvons donc pas lutter avec l'inconscient car certaines armes que nous utilisons ne sont pas adéquates.

Nous luttons physiquement alors qu'il s'agit d'une lutte spirituelle. Nous n'avons pas besoin de lutter avec nos moyens habituels, ces moyens sont susceptibles de nous garantir seulement l'échec.

A nous de savoir et de comprendre que le combat que nous menons est profondément spirituel.

Il ne s'agit plus d'une résistance physique mais spirituelle. L'adversaire que nous avons est spirituel nous ne pouvons rien contre lui si nous sommes dans le physique.

La résistance est engagée contre le monde, les œuvres de la chair et Satan. C'est le diable qui sème la panique dans notre vie.

Nous n'avons aucune raison de rester sans résistance quand tout s'écroule autour de nous. Les problèmes et les difficultés viennent de tous les sens.

Je ne voudrais pas que nous soyons dans l'ignorance en ce qui concerne les péchés que nous commettons avec notre corps : l'impudicité, l'adultère, toutes les immoralités sexuelles; c'est au monde dans lequel nous sommes et à notre chair que nous avons affaire. C'est contre ceux-là que nous devons mener la résistance dans notre esprit pour éviter toutes ces choses.

Puisse que Satan qui nous attaque et à qui nous devons résister est esprit alors notre esprit doit être préparé pour engager ce combat spirituel.

Nous nous lançons donc dans un combat d'esprit à esprit. Ce combat est pour toute notre vie chrétienne et sans relâche. Nous résisterons dans cette lutte spirituelle jusqu'à ce que Jésus revienne.

Nous avons donc besoin de savoir contre qui devons nous résister.

CHAPITRE III : LES ENNEMIS DU CHRÉTIEN

Nous devons connaître nos adversaires pour être sûr de pouvoir remporter la victoire.

Notre combat devient encore plus rude car nous ne résistons pas contre un seul ennemi mais contre trois. Le monde, la chair et Satan sont les ennemis de l'homme.

- ***Le monde***

Nous vivons dans un monde où les choses évoluent avec une accélération vertigineuse.

Avec toutes ces innovations, nous sommes tentés dans tous les côtés. Sans oublier les effets de mode qui battent leur plein dans notre quotidien. Nous sommes exposées à des attirances tous les jours.

Les facettes de la mode laissent voir peu à peu les différentes formes de dépravation.

Avec les tendances de la mode, les hommes comme les femmes sont portés à s'habiller moins décemment ; je dirai pratiquement nu.

Ce monde est plein de ténèbres. Les choses du monde sont différentes de celles de la lumière.

Mais malheureusement les Hommes copient tout sans exception; le bien comme le mal. Ils acceptent toute la folie de ce monde, tout ce qui est contre la volonté de Dieu. L'homme veut ressembler à ce monde de péché.

Le monde est un ennemi du chrétien. Nous devons donc résister contre les plaisirs de ce monde sans exception.

Nous verrons la Gloire de Dieu si nous réussissons notre résistance contre le monde et ses dépravations.

C'est possible et faisable pendant que nous sommes dans les derniers temps car le Seigneur nous donne des solutions maintenant.

- ***La chair***

La bible dit : ***I Pierre 2 :11** « (…) abstenez-vous des convoitises de la chair qui font la guerre à l'âme.* »

La convoitise de notre chair est manifeste. Nos sens nous trompent, pour parler comme René Descartes. La réalité de la situation nous oblige à chercher un soutien extérieur à nous. Si nous nous trompons nous-mêmes alors plus besoin de faire confiance aux yeux, à la peau, à la langue, aux oreilles et au nez que nous avons.

✓ Nos yeux

Nos yeux sont utiles ; ils donnent sens à la vie.

Cependant les yeux que nous portons sont plus sensibles aux mauvaises choses qu'aux bonnes. Il est très facile aux yeux de l'homme d'enregistrer ce qui est immoral, ce qui est contre la parole de Dieu.

Nos yeux sont sensibles à tout ce qui bouge. Il est très facile à l'homme d'enfreindre à la loi à cause de ses yeux. Quand on dira aux yeux ne regarde pas par ici c'est là qu'il se fixera. Nos yeux nous créés tous les problèmes de la terre. ***Matthieu 5 :28***. Jésus nous parle de nos yeux.

Nos yeux nous conduisent au péché de la convoitise. C'est par nos yeux que nous convoitons. Les belles choses de ce monde à savoir les belles femmes, les belles voitures, les belles maisons… sont passagères alors que quand nos yeux voient, nous avons une pensée d'éternité qui est envoyé à notre esprit. Alors nous commençons à nous attacher à ces choses éphémères.

Jésus nous donne une leçon sur nos yeux. Lisons ***Matthieu 5 :29*** ***« Si ton œil droit est pour toi une occasion de chute, arrache-le et jette-le loin de toi… »***

Nous n'avons pas besoin de nous arracher l'œil physiquement mais spirituellement pour que vive tout notre corps.

Arracher spirituellement l'œil que nous avons c'est de négliger carrément tout ce qu'il voit qui n'est pas en rapport avec la parole de Dieu, ne plus considérer ces choses.

- ✓ Notre langue

Elle également nous trahit. La langue joue un rôle important mais nous trahit parfois. Souvent nous nous lamentons après que la langue ait tout dit ; même ce qui ne devrait pas être dit.

La peau, les oreilles et le nez sont aussi d'une importance capitale dans notre vie mais nous jouent également de mauvais tours.

Retenons que nos sens sont la source d'un grand nombre de nos problèmes. Il nous faut pouvoir les maîtriser et les tenir à notre pouvoir. Résister à nos sens est une solution pour notre épanouissement.

- ***Le Diable***

Celui que la Bible appelle le diable est aussi contre nous. C'est lui le principal ennemi de tout homme en générale et du chrétien en particulier.

Jacques 4 :7 « (...) résister au diable... »

Dans le chapitre précédant nous avons compris que notre adversaire le diable est spirituel. C'est donc contre un esprit que nous ne voyons pas avec nos yeux physiques que nous combattons.

Tout se complique. Etres physiques que nous sommes, nous devons combattre avec un être spirituel. Cette résistance est la plus rude de toute l'existence de l'homme. Elle semble rude mais possible. Nous savons que nous sommes faits de corps, d'esprit et d'une âme.

I Thessaloniciens 5 :23 «(…), et que tout votre être, l'esprit, l'âme et le corps, (…) »

Ainsi nous pouvons mettre en œuvre notre esprit pour résister à ce dernier qui s'attaque à nous.

L'esprit de l'homme, c'est sa pensée et donc en s'attaquant à nous, c'est directement à notre pensée que s'attaque le diable. Il nous injecte les mauvaises pensées dans l'esprit. Satan veut à tout prix s'emparer de notre intelligence pour nous contrôler.

L'auteur chinois bien connu **Watchman Nee** décrit de la manière suivante cette bataille dans les pensées :

«D'après la Bible, l'intellect a ceci de particulier : il constitue un champ de bataille où Satan et ses mauvais esprits combattent contre la vérité, et par conséquent contre le croyant. Voici comment pouvons-nous illustrer la chose. La volonté de l'homme et son esprit sont comme une citadelle, dont les mauvais esprits désirent s'emparer. Le terrain d'approche, sur lequel la bataille est engagée pour la prise de la citadelle, c'est l'intellect de l'homme, son intelligence » **Watchman Nee**, L'homme spirituel pp 305- Editions Monnier- Neuchâtel.

Nous résistons contre des adversaires qui semblent forts et très malins. Le chef de l'équipe c'est le serpent ancien ; nous allons les faire tous prendre la fuite parce que le pouvoir nous a été donné.

Mais qu'en est-il réellement de la nature du serpent ancien?

CHAPITRE IV : SATAN : UN BARIL VIDE

***Luc 10 :18** « Jésus leur dit : je voyais Satan tomber du ciel comme un éclair »*

***Apocalypse 12 :9** « Et il fut précipité, le grand dragon, le serpent ancien, appelé le diable et Satan, celui qui séduit tout la terre, il fut précipité sur la terre, et ses anges furent précipités avec lui. »*

Avant d'aller plus loin, j'aimerais que nous remarquions bien les mots que Jésus à employer.

Ces deux passages sont destinés à tous ceux qui se sont faits une image de Satan comme étant un homme fort. Le Seigneur m'a inspiré ces phrases pour vous faire comprendre que Satan fait du bruit mais n'est rien devant le PUISSANT JESUS.

- J'ai fais une analyse et compris qu'un être fort ne tombe pas.

➤ Le maître dit :'' je voyais''.

Jésus nous ouvre les yeux sur l'identité et la nature de Satan. Toute idée du diable comme étant un homme fort est inutile.

Nous comprenons que Jésus nous amène à savoir que, le temps où Satan tombait est passé, nous le craignons peut-être mais il est tombé depuis longtemps. Plus grave, c'est qu'il est encore à terre. Il a été précipité pour toujours.

Il ne pourra plus jamais se relever. Sa chute est très violente, il a encore mal et souffre toujours ; ce pour quoi il en veut aux créatures précieuses et uniques que nous sommes. Des créatures faites à l'image de leur ***Mignon*** et ***Puissant*** **Créateur**.

Comprenons que le Puissant Jésus nous montre Satan qui est toujours tombé. S'il s'était relevé le Maitre Jésus nous l'aurait bien mentionné. Sachons que malgré ses œuvres, il n'est rien.

- Le maître dit :'' tomber''

Ah là ! Répondez-moi s'il est normal qu'un homme fort tombe ?

Non quand on est fort on l'est vraiment. Sinon quand on tombe c'est que la force n'existe plus. Dès qu'on est à terre, on n'est pas plus fort. Toute autre force à part la force de notre Père est limitée depuis les siècles passés, dans ce siècle présent, et dans tous les siècles avenir. Il n'existe pas de force sinon une force éphémère. Celui qui a la force aujourd'hui est lâché demain par sa force et se retrouve à terre, affaiblit, faible et vulnérable.

A celui qui précipite les méchants soit toute la force et la puissance aux siècles des siècles! Amen!

Voyons tous ensemble qu'il y a un problème. Voici un esprit prétendu fort qui tombe. Nous l'affirmons sans erreur aucune, Satan n'est qu'un bidon vide qui fait du bruit. Ses bruits ne nous effraient pas parce que nous avons un homme fort derrière nous et avec nous.

Psaumes 23 : 4 «Quand je marche dans la vallée de l'ombre de la mort, Je ne crains aucun mal, car tu es avec moi : Ta houlette et ton bâton me rassurent »

Nous voulons aider les uns et autres à savoir que celui qui est fort c'est notre Puissant Jésus et non pas Satan. Il est inférieur sur tous les plans et à tous les niveaux à notre Dieu.

- Le maître dit encore : ''Tomber du ciel''

Oh quelle chute honteuse, choquante et brutale !!!

Tomber du ciel est très triste. Le ciel où se trouvent toutes les bonnes choses. Toute la gloire, le bonheur, la joie de DIEU déborde dans le ciel. Mais voilà que Satan tombe du ciel ; c'est une déchéance sans pareille.

Malgré tout l'honneur qu'il avait de vivre dans le Ciel ; il a échoué et sa place n'a plus été trouvé dans le ciel.

L’ange de lumière n’a plus de place dans le Royaume des cieux mais nous nous irons dans cette Gloire infinie qui nous est réservée par notre père et il ne pourra rien pour nous en empêcher car nous savons qu’il n’a pas le pouvoir qu’il prétend avoir, c’est un menteur et nous sommes plus forts que lui et ses agents.

Le ciel est très éloigné de la terre. Tomber d’une hauteur pareil est très brutal.

Nous sommes entrain de qualifier l’expression ‘’tomber du ciel’’ et tenter de l’expliquer aux fils et aux filles de résistance pour qu’ils sachent que leur adversaire Satan est un déchu. Il a perdu sa dignité, son rang, sa réputation. Il n’est plus le bel ange de lumière.

Nous comprenons que Satan, jusqu’à présent a encore des séquelles de cette chute sur lui. Voilà pourquoi il est rempli de rage. Il fait beaucoup de bruits. Il est animé d’une grande colère. Et fait tout pour que l’on remarque sa présence.

Dans sa colère, il ne peut rien contre nous parce que notre puissant Jésus l’a encore vaincu à la croix du calvaire.

J'aime rabaisser le diable parce qu'il m'a rabaissé

J'aime humilier le diable parce qu'il m'a humilié

J'aime honnir le diable parce qu'il m'a honnit

J'aime ridiculiser diable parce qu'il m'a ridiculisé

J'aime dévoiler son secret parce qu'il doit-être dévoiler

J'aime voir son camp se vider parce qu'il veut vider le Royaume de notre Père

J'aime le démystifier parce que nous sommes couvert par le sang de l'agneau et donc il ne peut rien contre moi.

Confessons chaque jour que nous sommes victorieux au nom de l'Agneau et que nous sommes fiers d'être Fils du Dieu Vivant et d'être cohéritiers avec Christ.

Désormais voyons-le comme la Bible le voit. C'était un bel ange qui s'est transformé en grand ennemi de Dieu.

- Voici comment la Bible révèle Satan; il est:

➢ L'accusateur ***Zacharie 3 :1, Apocalypse 12 :10***

Celui qui accuse est forcement un menteur. Il n'a pas de preuve mais il accuse toujours les enfants de Dieu. Il cherche toujours une occasion dans le but de se présenter devant Dieu pour accuser Ses enfants.

➢ Le diable ***Matthieu 4 :1***

Le dictionnaire Larousse définit le diable comme étant une personne très méchante, ou violente, emportée ou d'une pétulance excessive, d'une turbulence incommode et bruyante.

Aucune personne normale n'a une bonne image de lui à cause de ses œuvres. Il ne fait rien de beau et de bon.

➢ Le tentateur ***Matthieu 4 :3 ; I Thessaloniciens 3 :5***

Il nous tente pour nous envoyer hors du chemin. Tout son souhait c'est que notre travail, notre vie chrétienne soit vaine parce que nous avons quitté son camp pour rejoindre le camp de la vérité. Il ne cesse de nous tenter pour nous faire tomber comme lui.

- Le malin *Matthieu 6 :13 ; I Jean 2 :13-14*

Le malin ; c'est celui qui est porté à nuire, à faire du mal, à autrui. Il se plait à faire tout ce qui est malicieux.

- L'ange de l'abîme *Apocalypses 9 :11*

Comment peut-on être ange de l'abîme et faire du bien ?

Le diable ne pourra jamais faire de bonnes choses parce que l'échec est rattaché à sa personne. Il a échoué dans les cieux et depuis lors l'échec est collé à lui.

C'est un être conscient qu'il n'a pas de pouvoir. Satan sait qu'il n'a pas de pouvoir mais tente toujours sa chance.

Quand il doit s'attaquer au chrétien il sait qu'il va échouer mais il n'abandonne pas. Il va échouer parce que nous ne sommes pas n'importe qui. Les Anges puissants de Dieu sont à nos soins, nous protègent et sont avec nous partout ; prêts à combattre pour nous.

Quelles sont les œuvres du diable ?

Tout ce qu'il fait bien c'est gâter ce qui est bon.

Alors que Dieu l'a créé bon, il a changé de nature. La bible mentionne dans ***Genèse 1 : 31*** que Dieu vit que tout ce qu'il avait fait était bon y compris Satan bien sûr.

Il a changé négativement. Il est devenu le chef de la rébellion (***II Pierre 2 :4 ; Apocalypses 12 : 7-9***), le tentateur d'Adam et Eve (**Genèse 3 :17**). Il incita David à pécher contre Dieu (***I Chroniques 21 :1-2***). Il a affligé Job (***Job 1 :6-19, 2 :1-10***). C'est encore lui qui tenta Jésus dans le désert (***Matthieu 4 :1-11***) et c'est toujours lui qui a tout fait tout pour mettre Jésus à mort (***Jean 14 :30-31***). Comme l'a dit ***Nestor David***, artiste et chantre ivoirien dans son titre ''*or ti min nou*'': « *Si Satan savait qu'en allant clouer Jésus c'était sa défaite, il n'allait jamais le faire.* »

Dans notre monde actuel, il ne cesse de se manifester par les guerres, les assassinats, les meurtres, les viols, les emprisonnements et dans la vie des hommes en les poussant à se livrer à la boisson, l'ivrognerie, au vol, à la drogue, au sexe et à toutes formes d'abomination, etc.

C'est justement pour cela que nous devons être des fils de résistance pour lui faire blocage à tous les niveaux dans notre société. Nous devons être déterminé à ne plus lui laisser le pouvoir et l'autorité sur notre vie.

Sachez que lorsque les Fils de résistance se lèvent, le diable se met dans sa coquille. Car nous avons le pouvoir en Jésus et toute arme forgée contre nous est sans effet.

L'ange de lumière règne sur un royaume opposé radicalement à Dieu. C'est lui qui domine ce monde. Et il prétend être le chef et le propriétaire. C'est un usurpateur, un menteur ; nous le savons bien.

Ceux qui sont de son royaume ne peuvent pas être dans le royaume de Dieu en même temps. D'où l'expression commune *: « Si tu n'es pas avec moi, c'est que tu es contre moi.»* Pour dire que nous devons être de la même équipe pour savoir que nous sommes vraiment alliés. Les secrets nous sont révélés pour que nous sachons de quel côté sommes-nous et choisir le bien, la vérité et la lumière.

C'est lui qui envoie toutes les maladies dont nous sommes témoins et même parfois victimes. Il est sans scrupule, nous devons le démasquer pour que les hommes viennent à Christ. C'est lui qui tient les personnes captives dans la maladie et dans les souffrances. ***Luc 13 :16 Actes 10 :38***

Malgré toutes ses œuvres, le dragon et serpent ancien, le diable sait qu'il est limité devant le Puissant Jésus.

Le diable est venu pour détruire, égorger et tuer (*Jean 10 :10)* mais Christ est venu pour nous sauver de toutes ses œuvres.

Il est vaincu à cause du sang de l'agneau et de la parole du témoignage que nous portons.

Apocalypses 12 :11 « Ils l'ont vaincu à cause du sang de l'agneau et à cause de la parole de leur témoignage, et ils n'ont pas aimé leur vie jusqu'à craindre la mort. »

Retenons que Satan nous hait. Celui qui vous hait sans raison n'aura jamais une raison de vous aimer un jour. Satan donc n’aura jamais une bonne raison de nous aimer.

CHAPITRE V : SE SOUMETTRE À DIEU

De nature l'homme n'aime pas se soumettre. Pour que l'être humain fasse preuve de soumission il doit être sous l'emprise d'un autre plus fort que lui.

Il est donc inconcevable pour l'homme d'accepter de se mettre sous l'autorité d'un autre être. Voilà que la Bible lui demande ce qui lui est impossible.

Jacques 4 :7a « Soumettez-vous donc à Dieu… »

Se soumettre ; c'est l'action de se réduire, de se ranger, sous la puissance, sous l'autorité de quelqu'un, se mettre dans un état de dépendance.

La Bible nous enseigne beaucoup de par ce verset.

L'homme qui était au par avant indomptable vient se ranger, se réduire sous la puissance et l'autorité de son Maître Créateur.

Il convient que nous reconnaissons notre place. Nous avons besoin de savoir que nous ne sommes rien sans Dieu. L'homme n'est rien sans l'aide de son Dieu. Reconnaitre que Dieu est au-dessus de toutes choses. Il est au-dessus de nous.

La soumission est aussi un signe d'humilité. La soumission à Dieu implique donc une humilité devant Lui. Notre humilité devant le Seigneur devrait se caractériser par une pensée de repentance, une attitude innocente, une opposition à l'orgueil et la pratique de la justice et la miséricorde.

- Repentance

Le chrétien doit se repentir de tous ses actes ignobles devant le Seigneur. Ce que nous devons faire c'est de nous détourner de nos fautes, du péché sous toutes ces formes.

***Esaïe 66 :2** « (...) Voici sur qui porterai mes regards : sur celui qui souffre et qui a l'esprit abattu, Sur celui qui craint ma parole.* »

Je compris un jour où je venais de trahir Jésus par mon péché que la faute que nous commettons doit attrister l'âme. Sinon sans la tristesse dans l'âme nous sommes dans le gouffre. En d'autres termes, après avoir fait ce qui est mal aux yeux de Dieu, si l'on ne regrette et est tranquille ou se sent fier, cet acte est suffisant pour dire que l'on aime sa situation.

Il ne faudrait jamais que nous nous plaisons dans notre péché. Si tel est le cas, il faut donc une intervention de Dieu pour nous transformer le cœur.

Chaque fois que pèche le chrétien son cœur doit lui donner des signaux par l'accélération de son rythme cardiaque.

Ainsi le péché que nous aurons commis et pour lequel nous sommes entrain de nous repentir créé en nous une situation de souffrance dans notre cœur qui occasionne un esprit abattu en nous.

Malgré tout Dieu nous aime. Il veut nous voir nous repentir c'est-à-dire pendre l'engagement de ne plus retourner d'où nous venons.

- Attitude innocente ***Matthieu 18 :1-4***

Voyons l'exemple d'un enfant, il ne se préoccupe de rien. Il ne cherche point à rendre le mal et est très humble dans tout ce qu'il a comme comportement.

Permettez-moi de mentionner le nom de ma petite nièce de 2 ans Grâce Divine que j'ai nommé moi-même ''Divinie''.

Elle pardonne vite avec une attitude très innocente, elle n'a aucune arrière pensée, elle est sans rancune et aimable.

C'est ainsi que nous devons être en Christ et envers tous les frères et sœurs dans le Seigneur.

- Opposition à l'orgueil ***Proverbes 3 :34***

***Daniel 4 : 37** « (…), et qui peut abaisser ceux qui marchent avec orgueil. »*

Nebucadnetsar qui se croyait au-dessus des autres hommes reconnait sa place après avoir été abaissé par Dieu et rend gloire et la louange à celui qui les mérite c'est-à-dire le Dieu d'Israël. Il a compris que Dieu rabaisse tous les orgueilleux car c'est lui le Dieu vivant et puissant.

Nous devons donc faire opposition dans notre vie à tout œuvre qui pourrait nous emporter dans une attitude orgueilleuse.

Le chrétien doit reconnaitre sa place. Savoir que Dieu est au-dessus de lui et qu'Il a mis tous les hommes au même pied. Il n'y a donc pas de pauvre, de riche, de noir, de blanc, de jaune… rien de tout ça devant Dieu.

Oublions notre orgueil, nous ne sommes nullement mieux que les autres. Dieu seul est au-dessus de tout.

- Pratiquer la justice et la miséricorde

Michée 6 :8 «On t'a fait connaitre, ô homme, ce qui est bien ; Et ce que l'Eternel demande de toi, c'est que tu pratiques la justice, Que tu aimes la miséricorde, Et que tu marches humblement avec Dieu »

Nous devons aimer la justice et la miséricorde. Dans ce monde où tous tourne le regard vers l'injustice, quand vous aimer ce qui est juste vous êtes traités de tous les noms.

D'aucun vous dirons que vous prétendez être mieux que les autres bien que ce ne soit pas votre intention. Juste rappeler le model abandonné et faire revenir le maximum possible sur le chemin à suivre.

Pratiquer la justice et la miséricorde devient un privilège pour nous par la grâce de Dieu.

Notre volonté de vouloir le faire encourage Dieu à nous aider. Nous n'oublions pas le Saint-Esprit qui nous aide à faire mieux et à supporter tous les mépris de notre entourage à cause de notre décision radicale.

- Se mettre dans un état de dépendance au Seigneur

Notre soumission doit se démontrer par une entière dépendance à Dieu et à son Fils Jésus.

Le fait de dépendre de Christ est une marque que nous sommes fiers d'être Enfant de Dieu. Comme tout bon enfant nous prenons donc l'engagement de nous laisser entre les mains de Christ Jésus.

Dans cette dépendance nous devons chercher à mieux connaitre Christ. Chercher la face de Dieu dans : la prière, la lecture, la méditation, et l'obéissance aux lois bibliques et au jeûne. Nous avons besoin de tout ça pour mieux résister.

Si notre corps physique a besoin de l'air, de manger, de boire et pratiquer le sport pour témoigner d'une bonne santé alors notre esprit également a besoin de toute ces choses. Notre corps spirituel a besoin de :

- La prière ***II Chroniques 7 :14 « Si mon peuple sur qui est invoqué mon nom s'humilie, prie et cherche ma face, et se détourne de ses mauvaises voies, (…) »***

La prière est très importante dans notre vie chrétienne. Permettez que je paraphrase les paroles du père fondateur des églises Pentecôte Internationale feu Révérend James Mckwaeon qui disait pour inciter le peuple de Dieu à la prière agressive que : « *la prière, c'est le travail ; le travail c'est la prière.* »

Nous ne pourrons pas mener de résistance si nous ne prions pas avec agressivité, si nous ne sommes pas des guerriers ou guerrières de la prière. Le maître nous a tout donné pour être de véritables bulldozers dans la prière.

La prière constitue l'air que doit respirer notre esprit pour se maintenir en vie. Dès que nous arrêtons de prier, la vie diminue en nous et ainsi nous tendons vers la mort spirituelle.

Le chrétien qui n'arrive plus à prier descend les pieds dans le péché sans savoir par quel moyen il pourra ressortir.

Il ne s'agit pas de prière au bout des lèvres mais de la prière qui nous empêche de nous contenir. Nous devons prier jusqu'à ce que nous ne sentions plus la chaleur dans notre corps mais le Feu, qui vient du ciel. Donnons-nous un bon temps de prière car c'est la force motrice de notre résistance.

Respirons l'air pour notre corps physique et la prière pour corps spirituel.

Prions sans relâche, sans retenu, agressivement, car la prière est l'un des piliers de notre résistance.

- Le Jeûne ***Ps 35 : 13 « (…), J'humiliais mon âme par le jeûne, je priais, la tête penchée sur mon sein. »***

Nous avons besoin de donner à manger à notre esprit.

Notre esprit ne mange pas la nourriture physique mais plutôt la nourriture spirituelle.

C'est quand le ventre est creux que l'esprit se rassasie. Notre esprit prend des forces quand nous sommes faibles.

Pourquoi cela ?

La chair et l'esprit sont dans une perpétuelle lutte. Pour illustrer cela nous considérons la chair et l'esprit comme deux autres personnes à part entière.

Celui qui a le ventre plein est toujours joyeux et c'est lui qui est plus actif. C'est donc lui qui domine. Quand la chair a faim, c'est l'esprit qui domine, c'est lui qui donne les ordres parce que lui a plus de force et vis versa. La faim de notre corps est une nourriture dont a besoin notre esprit pour son épanouissement.

Nous devons donc privilégier l'esprit plutôt que la chair car la résistance que nous menons est spirituelle.

Le Saint-Esprit nous aide dans la faiblesse de notre corps. Quand nous sommes dans un sérieux moment de jeûne, il est notre force et rend encore plus fort notre esprit pour la résistance.

- La lecture, la méditation et l'obéissance à la parole

Cette partie correspond directement à boire de l'eau et à pratiquer le sport. L'eau que nous buvons doit être de bonne qualité, récurrente et modérée.

Il y a l'idée de la qualité de l'eau qui s'impose. Nous devons avoir une eau saine provenant d'une bonne source. La pratique du sport est aussi indispensable dans la régulation de notre rythme cardiaque.

***Sophonie 2 :3** « Cherchez l'Eternel, vous tous, humbles du pays, Qui pratiquez ses ordonnances ! Recherchez la justice, recherchez l'humilité ! Peut-être serez-vous épargnés au jour de la colère de l'Eternel »*

***Jean 1 :1** «Au commencement était la Parole, et la Parole était avec Dieu et la Parole était Dieu »*

Cherchons Dieu et pratiquons scrupuleusement sa Parole.

Dieu c'est sa Parole, c'est la Bible.

Connaitre Dieu c'est garder les paroles bibliques. Prenons assez de temps dans les fouilles de la Parole. Cherchons à connaitre mieux la Parole.

Aimer la Parole est indispensable dans notre résistance. Nous avons intérêt à avoir soif de la parole. N'oublions surtout pas que c'est par elle que le Maître à repousser Satan.

Nous devons grandir dans la connaissance de la parole pour pouvoir résister. C'est la parole en nous ; nos confessions des paroles bibliques qui nous sauvent des mains de nos ennemis. Car nous résistons contre le monde, la chair et Satan, un ennemi plein de ruses que la Bible appelle le serpent ancien (***Apocalypses 12 :9***).

Le serpent ancien est plein de ruses certes mais il a été déjà vaincu à la croix à cause du sang de l'Agneau.

Par le sang de Jésus nous vainquons l'ennemi. Mais nous devons lui résister tous les jours de vie.

CHAPITRE VI : RÉSISTER AU DIABLE

***Jacques 4 :7** « (…), Résistez au diable et il fuira loin de vous. »*

Nous servons le Dieu merveilleux qui détient tout pouvoir. Il a toute capacité et rien ne Lui est impossible.

***Luc 1 :37** « Car rien n'est impossible à Dieu. »*

C'est le DIEU a qui rien n'est impossible qui nous parle et c'est lui qui nous encourage à la résistance.

Il y a un principe à respecter. Seuls, ceux qui se soumettent à DIEU peuvent faire fuir le diable par leur résistance.

Règle 1 : ***''SOUMETTEZ-VOUS DONC A DIEU''***

Règle 2 : ***''RESISTEZ AU DIABLE''***

Résultat : ***''IL FUIRA LOIN DE VOUS''***

Le diable ne peut pas résister à une personne qui se soumet à DIEU ; il est obligé de fuir devant elle. Par la même occasion, il fait fuir toute personne qui n'est pas soumise à DIEU.

Notre DIEU a la possibilité des impossibilités. Il est la force de notre force, le courage de notre courage.

Avec ce Dieu à nos côtés nous n'avons peur de rien parce que nous pouvons marcher sur toutes les œuvres de l'ennemi.

***Luc 10 :19** « Voici, je vous ai donné le pouvoir de marcher sur les serpents et sur les scorpions, et rien ne pourra vous nuire. »*

Nous avons le pouvoir de faire mal à celui qui nous veut du mal (Satan).

Le Maître a donné : *''le pouvoir de marcher''*

Un pouvoir pour avoir sous nos pieds les œuvres du serpent, des scorpions et de l'ennemi.

Chantons ensemble ce cantique:

Le pouvoir de Dieu nous été donné

Marchons la tête haute

La victoire est pour nous

La victoire est pour nous oh oh

Le pouvoir de Dieu nous a été donné

Marchons la tête haute

Satan est sous nos pieds. Nous n'avons rien à craindre, aucune raison d'avoir peur de lui et de ses œuvres. Il est limité.

***I Pierre 5 :9** « Résistez-lui avec une foi ferme, sachant que les mêmes souffrances sont imposées à vos frères dans le monde.»*

L'Apôtre Pierre nous apprend à résister.

Remarquons que c'est parce que nous pouvons lui résister que Dieu le nous ordonne. Mais la résistance est possible grâce à une foi ferme et inébranlable.

''FOI FERME''

Ce type de foi nous donne une victoire certaine d'où le désir de tous ceux qui la possède de vouloir vaincre à tous les coups.

Quand on a une foi ferme, forcement la flamme de résistance brûle en nous.

Cette foi ferme n'est pas acquise des mains d'hommes. C'est le Saint-Esprit qui l'accorde par notre soumission à Dieu c'est-à-dire notre humilité devant Lui dans le jeûne et la prière.

Avec le Saint-Esprit dans nos vies nous sommes sans crainte et inébranlable. La foi que nous possédons est dans notre cœur. C'est par le cœur que nous confessons notre FOI.

C'est par les œuvres que nous mettons notre Foi en action. C'est selon la force que véhicule le Saint-Esprit à notre esprit que notre foi agit.

C'est avec souffrance que nous résistons. Toutes les formes de résistance qui se présente à nous ont un but bien précis.

Dieu permet cette souffrance pour nous perfectionner, nous affermir, nous fortifier et nous rendre inébranlables.

Les résistances sont multiples : au niveau social, académique et scolaire, économique et financier, surtout dans la vie chrétienne.

Pour toutes les situations qui nous semblent BIZARRES, ANORMALES, et AU-DESSUS DE NOTRE FORCE, nous avons nécessairement besoin de résister au diable pour rétablir l'ordre des choses.

Toutes les formes de résistances qui se présentent à nous ont leur solution dans notre esprit.

Nous résistons contre un être qui est spirituel, nous ne pouvons donc lui résister que dans notre esprit.

Quand Dieu nous donne l'ordre de résister au diable, ce n'est pas négociable et nous savons que c'est parce qu'il nous a donné les armes nécessaires pour réussir.

Nous comprenons que DIEU nous prévient que Satan va s'attaquer à notre esprit. C'est dans notre pensée qu'il va envoyer les pensées qui vont nous maintenir captifs dans sa prison. Nous allons utiliser quelques cas pratiques pour illustrer cette partie.

Prenons le cas d'une personne qui accepte le Seigneur Jésus. Dès que nous acceptons le Seigneur, le diable commence par s'attaquer à la joie que nous avons quand nous sommes sauvés du péché et de son salaire. Le malin vient dans notre esprit nous faire croire que nous sommes toujours condamnés par nos fautes bien que nous ayons accepter le Seigneur.

Là encore, il met son mensonge en œuvre et condamne notre intellect. Il s'attaque directement à notre intelligence. Voici ces propos : crois-tu que tu es vraiment sauvé ? Tu as fais trop de mauvaises choses pour que ce sang puisse tout supprimer. Nous devons lui résister en ce moment en refusant d'accepter ces pensées qui ne sont que mensongers.

Prenons le cas d'un homme marié qui est victime des manigances de Satan. Il va lui faire croire qu'il ne faut pas qu'il s'habitude seulement à sa femme. Là, il présente une occasion de chute à ce dernier sans que lui-même ne s'en rende compte. Il va occasionner une sympathie entre lui et une femme dehors. Envoyer des pensées pour cette femme à ce dernier dans tous ses rêves et même quand il est avec sa femme. Etant donné que cet homme passe plus de temps dehors, s'il ne repousse pas ces pensées à la lumière de la parole de DIEU, il est assujetti.

Un jeune homme qui prend la décision de suivre le Christ sans se détourner ni à gauche ni à droite est une cible de l'ennemi.

Malgré la décision de cet homme s'il ne résiste pas à l'ennemi dans sa pensée, il sera dompté et vaincu. Il doit refuser d'accepter toute parole qui le conduit à trahit son Dieu.

La résistance se fait dans notre tête. Satan n'abandonnera jamais. Tout ce qu'il veut, c'est de nous voir nous éloigner de Dieu, quitter la voie du Puissant Jésus.

Le moyen que Satan utilise contre nous c'est notre pensée.

Mais il convient de préciser que Satan ne peut être omniprésent, omniscient et omnipotent. Il ne peut être partout à la fois, ne sait pas toutes choses et n'a pas tout pouvoir.

Il ne connait donc pas la pensée de l'homme. Ce qu'il fait c'est de remarquer la manière d'agir de l'homme c'est alors qu'après analyses, il tire ses propres conclusion pour nous injecter les mauvaises pensées à l'esprit.

La lutte commence dans l'esprit de ce jeune homme quand il pense qu'il doit satisfaire des besoins sexuels et commence à poser des actes conséquemment.

Alors Satan vient rapidement présenter des solutions pour qu'il se livre au péché du sexe.

Refusons toutes ses mauvaises pensées. La solution est en nous. Quand le chrétien à la lumière de la parole du Seigneur analyse le comportement que Satan lui met à l'Esprit, il est libre de refuser ou d'accepter.

Satan n'a pas le pouvoir de contrôler nos pensées. Voilà pourquoi nous disons que petit Satan est très limité. Avec tout ce bruit qu'il fait, il devrait être capable d'imposer sa volonté à notre esprit mais il est incapable de le faire.

Figurez-vous que nous sommes créés à l'image de Dieu. Rien n'est imposé à notre esprit. Dieu n'impose rien à notre esprit, il nous laisse toujours le choix.

Nous pouvons lutter contre petit Satan et ses disciples et ils ne pourront rien contre nous tant que nous sommes soumis au Seigneur Jésus.

Il nous présente l'impudicité, l'adultère, le vol, le mensonge, les immoralités sexuelles, les querelles… Il nous fait croire que jamais nous ne serons heureux, nous n'allons jamais enfanter, travailler, avoir un foyer heureux, jamais nous ne pourrons bénéficier des grâces et bénédictions de Dieu dans nos vies. C'est un menteur, c'est le père du mensonge. (Jean 8 :44)

La Bible dit bien qu'il fuira loin de nous mais il ne relâche jamais. Chaque fois que nous lui résistons il fuit mais il revient.

Pour qu'il fuit, il faut une résistance sérieuse. Souvent des pensées contraires à la parole de Dieu nous passent la tête mais quand nous sommes connectés en permanence avec le Saint-Esprit, Il nous enseigne et nous entraîne à reconnaître que ces pensées provenaient d'une source extérieure à nous-mêmes c'est-à-dire directement de petit Satan.

Nous pourrons avoir la victoire au nom de Jésus lorsque nous résistons à Satan et à ses disciples en les chassant par des paroles d'autorité.

Ils fuiront ainsi loin de nous. Satan ne peut pas rester quand nous il entend des paroles comme : Satan tu n'as pas de pouvoir, tu es vaincu depuis, tout ce que tu me raconte n'est que mensonge alors va t'en loin de moi. Il se rend compte que nous savons lui résister et que nous savons qu'il est faible, négligeable et démystifié.

Il fait captif tous ceux qui ne savent pas qu'il leur faut lui résister par des paroles qui le rabaisse.

J'ai moi-même faire plusieurs fois cette expérience et c'est par là que le Seigneur m'a donné l'occasion d'écrire ces phrases pour aider beaucoup de Fils de Dieu à se mettre dans le camp des **fils de résistance**.

Désormais je lui résiste sans relâche et tant qu'il se présentera à moi.

CHAPITRE VII : RÉSISTONS A NOS ÉMOTIONS

Nous sommes tous parfois sous l'influence de notre propre personne.

Souvent nous pensons que notre ennemi Satan n'existe pas c'est l'une des erreurs de notre propre personne ou de notre entourage sur nous.

Nous n'avons aucune raison de douter de l'existence du diable et de nous laisser trahir par notre propre conscience. Nous avons beaucoup de luttes à mener contre nous-mêmes. Nous avons donc à lutter contre nos émotions personnelles.

- ***Eviter la peur***

Notre premier ennemi personnel : c'est la peur. La peur est une émotion ressentie généralement en présence ou dans la perspective d'un danger ou d'une menace. En d'autres termes, la peur est la capacité de reconnaître le danger et de le fuir ou de le combattre.

D'un point de vue neurologique, la peur est essentielle et une activation de l'amygdale (ensemble de noyaux au niveau des lobes temporaux). L'activation de l'amygdale correspond généralement à un sentiment de danger imminent. Elle peut entrainer une inhibition de la pensée et prépare l'individu à fuir ou à se défendre.

Selon certains psychologues tels que John B. Watson et Paul Ekman, la peur est créée par un flux d'émotions dont la joie, la tristesse et la colère. La peur devrait être distinguée de l'état d'anxiété. Par ailleurs, la peur est générée par les comportements spécifiques de l'évitement et de la fuite alors que l'anxiété est le résultat de menaces perçues comme étant incontrôlables ou inévitable.

La peur en nous, fragilise notre personne. Elle nous maintient captif et nous condamne aux émotions qui nous affaiblissent.

La peur est cette émotion qui nous empêche d'avancer dans la vie. Tout homme qui est peureux est incapable d'agir. Celui qui a toujours peur, quand même il est sous pression, ne réagit pas, il se soumet à celui qui lui fait pression.

La peur donc nous empêche de résister et tant que nous ne lui résistons pas nous ne pourrons pas affirmer notre personnalité. C'est l'un de nos ennemis. Nous devons lui montrer notre engagement à ne pas nous laisser faire.

Pour résister à la peur, il nous faut :

- ***Reconnaitre la toute puissance de notre Dieu Genèse 17 :1***

Nous dirons toujours que le Dieu d'Israël est bon. C'est Lui le tout puissant. Il a affirmé cela à Abraham et a su démontrer sa puissance et sa force en le bénissant, lui donnant un fils dans sa vieillesse et en le rendant fort riche. N'oublions pas que le Dieu que nous servons est puissant pour nous tant que nous croyons.

- ***Reconnaitre notre identité***

Rappelons-nous toujours que nous sommes les Enfants d'un Dieu Puissant. Il lui a plut de faire de nous Ses Enfants, les héritiers de Sa puissance et de Son pouvoir. Rappelons-nous donc de notre identité.

Quand la peur se présente à nous, nous devons lui rappeler que nous sommes Fils du Dieu Puissant. Cette identité nous rend différent des autres. Du fait de notre identité de Fils du Dieu vivant et puissant nous sommes aussi puissants. Alors nous avons la puissance de résister à tout ce qui nous fait peur et rien ne peut donc nous dominer.

- ***Eviter le manque de confiance en Soi***

Le manque de confiance en soi est un obstacle majeur à une vie épanouie, vibrante et entreprenante. Le manque de confiance en soi fait blocage à notre croissance spirituelle, matérielle, financière et à tous les niveaux. Avec le manque de confiance en soi, rien ne peut se réaliser de concrets et de bons en nous et par nous.

Le manque de confiance en soi est un mal assez répandu qui touche toutes les classes sociales et toutes les générations. Tout le monde peut donc être touché, ponctuellement et régulièrement.

De plus, tous les domaines de notre vie et de notre quotidien peuvent en être affectés, que ce soit dans la sphère personnelle ou professionnelle. C'est un blocage qui nous empêche d'agir et nous distille des pensées dévalorisantes et négatives.

Vous attendez d'être en confiance pour commencer à vous livrer, vous avez peur d'être ridicule, vous craignez le regard ou le jugement des autres, vous ne parvenez pas à être prendre une décision, vous tergiversez et hésitez fréquemment.

Des phrases comme *« je suis nul »; « je n'y arriverai jamais »* ; *« j'en suis incapable »* deviennent alors des leitmotivs récurrents, nous empêchant de commencer une action ou même de la planifier.

Le manque de confiance de soi nous empêche de lutter contre les œuvres de l'ennemi dans nos vies. Il nous empêche de résister à Satan.

Jésus nous donne un model à suivre pour nous débarrasser de ce manque de confiance en soi.

Marc 4 :37-39

Voyons que Jésus parle avec confiance. Il dit ceci ***: « Silence ! Tais-toi … »***

Jésus regorge d'une pleine confiance. Il sait que tout pouvoir Lui appartient. Dieu lui a donné tout pouvoir et le reconnait comme Son Fils.

Aussi Jésus nous rassure Lui-même en nous montrant le chemin à suivre. ***Luc 10 :19***

Quand nous avons accepté Jésus, Sa puissance est à nos lèvres, nous avons donc le pouvoir d'ordonner aux choses de se faire.

Plus besoin de manquer de confiance et de courage ***car rien n'est impossible à Dieu (Luc 1 :37).***

Nous suivons un Dieu à qui rien n'est impossible. Aucune autorité ne peut s'opposer à nous.

- ***Eviter la colère***

La colère considérée comme une émotion secondaire à une blessure physique ou psychique, un manque, une frustration. Elle est l'affirmation de sa personne et sert au maintien de son intégrité physique et psychique.

C'est une émotion suite à une provocation physique ou psychologique qui favorise plusieurs modifications physiologiques et mentale préparant le corps au mouvement et à la réaction. Quand elle se déclenche en nous, l'activité cardiorespiratoire augmente et il y a accélération du rythme cardiaque et un afflux de sang notamment dans la partie supérieure du corps.

La respiration devient ample et rapide ce qui cause le hausse involontaire du volume sonore lors de l'expression de la parole. La colère provoque aussi une contraction involontaire du corps dans son ensemble et en particulier des bras mains, qui tendent alors à se fermer en point, ainsi des les sourcils se froncent et les mâchoires se serrent donnant une expression dure au visage. Les narines se dilatent pour s'adapter à un flux d'air plus important.

Celui qui est en colère ressent le désir d'agir, de rendre le coup, de donner un coup violent.

La colère empoisonne notre esprit. Elle est considérée comme un poison mental ou une émotion perturbatrice.

Nous devons à tout prix nous en débarrasser. Ce qui nous envoie dans un état de colère, c'est une parole ou un acte. Alors la solution pour ne pas nous laisser emporter par la colère et passer tout notre temps à regretter nos actes ; c'est de donner aussi une parole ou de poser un acte en réponse à l'incitation à la colère.

Prenons l'exemple de cette femme qui était victime de la colère de son mari tout le temps. Elle acceptait toute la méchanceté de son mari dans la soumission, pas parce qu'elle n'avait pas aussi le droit de se mettre en colère contre ce dernier en lui répondant par des injures mais parce qu'elle portait en elle ce grand désir de sauver son foyer. Elle trouvait toujours une raison valable pour donner raison à son homme.

Souvent nous nous laissons emporter par la colère jusqu'à perdre le contrôle. Méfions-nous des personnes qui chaque fois qu'en colère sont capable de soulever n'importe quoi.

J'assistai une fois à une bagarre entre deux frères. Le plus jeune après avoir reçu un coup de son grand-frère, est allé prendre une machette. A l'inattention de tous, il a donné un coup de machette à son frère qui saignait donc à grosses gouttes.

Voyons jusqu'où peut nous envoyer notre colère ?

A l'irréparable. La bible nous parle de la colère

Psaumes 37 : 8 « Laisse la colère, abandonne la fureur ; Ne t'irrite pas, ce serait mal faire.»

Dans notre colère, nous devons éviter de pécher contre Dieu. Sachons contrôler la colère que nous avons au moment même. Quand nous sommes dans un état de colère nous devons apprendre à nous taire, à ne pas parler, à nous maîtriser, à réfléchir plusieurs fois avant de poser les actes.

Psaumes 4 :4 «Tremblez, et ne péchez point ; Parlez en vos cœurs sur votre couche, puis taisez-vous.»

La colère ne vient pas de Satan mais de nous-mêmes ; Ne nous y trompons pas. Elle est naturelle mais si nous ne savons pas la maîtriser, nous serons rongés et elle nous détruira véritablement.

***Ephésiens 4 : 26-27** « Si vous vous mettez en colère, ne péchez point ; que le soleil ne se couche pas sur ta colère, et ne donnez pas accès au diable »*

La colère n'est pas un péché. L'Apôtre écrit ***: «Si vous vous mettez en colère, ne péchez point »***

Certaines personnes pensent que Satan les envoie à se mettre en colère. C'est carrément faux. La colère vient de nous-mêmes. L'Apôtre Paul nous parle ***: «Si vous vous mettez»***

Voilà que tout est clair, nous nous mettons nous-mêmes en colère et il dit ensuite : «***Ne donnez pas accès au diable***.»

Satan le profiteur trouve une occasion dans notre colère pour nuire à notre vie. N'oublions pas qu'il cherche tous les moyens possibles pour nous détruire et nous enlever notre joie.

Soyons prêts et décidés à ne pas laisser cette occasion à notre ennemi de profiter de nous. Nous devons être motivés plus que jamais à résister contre notre propre personne, nos aspirations personnelles. Le péché se promène partout, il n'y en a pas de petit, de minime ou d'insignifiant. Tout péché est péché et passible d'un salaire.

Genèse 4 : 6-7 « Et l'Eternel dit à Caïn: Pourquoi es-tu irrité, et pourquoi ton visage est-il abattu ? Certainement, si tu agis bien, tu relèveras ton visage, et si tu agis mal, le péché se couche à la porte, et ses désirs se portent vers toi : mais toi, domine sur lui.»

Nos agissements dépendent uniquement de nous. Dieu parle à Caïn, Il lui parle de sa colère. Dieu le prévenait des dangers qu'il courrait à cause de cette colère. Il lui a signifié que les mauvais agissements attirent Satan à la porte de notre cœur.

La situation pourrait être entrain de se compliquer mais nous sommes sans ignorés la puissance de résistance que Dieu a mit en nous dans le livre de la Genèse. N'oublions pas que Dieu a dit ***: « (...), et qu'il domine sur les poissons... » Genèse 1 :26***

A nous donc de commencer notre domination sur les œuvres de l'ennemi car il ne peut rien contre nous.

Nous avons fais mention seulement de quelques attitudes ; toutes fois n'oublions pas que plusieurs autres occasion se présentent à nous sans oublier que Satan lui-même nous tend des pièges.

CHAPITRE VIII: NE NOUS TROMPONS PAS D'ENNEMI

Celui qui s'attaque à nous pour semer le désordre dans notre vie, pour nous créer des problèmes, pour faire échouer nos projets, pour nous rendre misérables et malheureux, ce n'est pas l'homme mais plutôt le diable. Il n'a été, n'est et ne sera jamais fatigué d'agir contre nous. Quand vous faites tout votre possible pour relever la tête et que vos efforts n'aboutissent pas ; sachez que c'est le serpent ancien qui a eu trop d'autorité dans votre vie.

Nous ne devons donc pas arrêter de lui résister. La résistance a besoin d'une mentalité propre à elle. Nous avons besoin d'un esprit préparé pour cette résistance car nous savons que notre ennemi n'est pas physique mais spirituel. Il a donc beaucoup d'armes qu'il utilise contre nous.

Nous savons donc que son œuvre est de s'opposer à l'œuvre de Dieu dans nos vies, faire obstacle à l'évangile précieux, posséder, aveugler, décevoir et prendre l'homme dans ses pièges.

Voici les intentions de notre adversaire commun. Les noms que lui donne la Bible montrent qu'il est très méchant. Nous trouvons, par exemple :

- ***Serpent*** : qui signifie rusé : capacité à tromper, à embobiner
- ***Tentateur*** : précipité l'homme dans un gouffre ; séduit
- ***Ennemi*** : veut le malin de l'homme
- ***Accusateur*** : met en évidence le mal ce qui est négatif
- ***Diviseur (Satan, diable***) : sème le déchirement
- ***Menteur*** : Trompe de façon su rusée qu'il se rend crédible, vrai.

Quelque soit notre niveau spirituel ou encore notre position dans l'Eglise de Dieu, il est à nos trousses et ce par différent moyens.

Notre niveau spirituel ne décourage pas Satan. Il n'en fait aucun cas et nous trace toujours des plans de chute et de honte sans nous prévenir d'avance. Il n'a pas besoin de notre avis pour s'attaquer à notre esprit avec sa séduction.

Matthieu 4 :2-3 « Après avoir jeûné quarante jours et quarante nuits, il eut faim. Le tentateur, s'étant approché, lui dit : Si tu es Fils de Dieu, ordonne que ces pierres deviennent des pains.»

Il se fout et s'en fout de notre degré spirituel.

Figurez-vous qu'il n'a pas manqué de s'approcher du Maître Jésus. Et il s'approche de Lui pas à n'importe qu'elle moment mais au moment où il a finit ses 40 jours et 40 nuits de jeûne.

J'aimerais bien insister sur ce fait parce que nombreux sont les personnes qui pensent que la solution dans la lutte contre l'ennemi c'est uniquement le jeûne et la prière.

Satan n'a même pas eu peur de ces moments de jeûne de notre maître. Il a foncé droit dans le mur.

Avec Jésus, il n'avait pas de chance parce qu'il s'agissait du Maître. Quand Satan a affaire au grand Maître, il échoue toujours.

Le Maître Jésus avait une mentalité de résistance. Il est la parole faite chair. Il nous apprend que lorsque Satan ne recule pas devant les nombreux jours de jeûnes et de prières, c'est l'état de notre esprit qui le fait fuir. Ce sont les paroles du Puissant Jésus ; les paroles bibliques que nous avons emmagasiné en nous qui Repoussent Satan.

Le Maître Jésus à résister à Satan par la Parole dans son esprit, or la Parole est en lui, tellement imprégné de la Parole qu'il est la Parole elle-même (***Jean 1 :1***), alors faisons fuir Satan par notre ferme résistance. La Parole en nous, nous donne de pouvoir vaincre Satan. C'est elle notre force.

Nous ne devons plus nous tromper d'ennemi car le monde, la chair et Satan sont nos véritables ennemis.

Souvent, il nous arrive de confondre les œuvres de la chair au diable. Je souhaiterais que nous soyons tous éclairés sur ce point.

Le monde et la chair nous conduisent à des pratiques abominables devant Dieu.

Vous serez enthousiasmés de satisfaire votre chair mais dès que vous finissez la chair vous laisse tout seul devant les faits. Après avoir commis un péché avec votre corps vous aurez des remords. Vous saurez que vous avez exécuté les ordres de votre chair à la lettre pour être dans la tristesse.

Ce que vous devez faire c'est de refuser toutes ces occasions car en réalité juste après ce plaisir éphémère ce sont les remords qui s'installent en vous; la raison est que votre conscience vous rappelle que vous êtes dans le faux, dans l'immoralité. Et l'Homme souffre toujours en son cœur, son esprit, son corps et de tout son être des immoralités qu'il pratique.

Deux domaines où nous nous trompons d'ennemi

- ***Le sexe***

Après un long moment de jeûne, l'on peut tomber dans toute forme de péché surtout le péché du sexe.

La chair a des besoins naturels dont fait partie les besoins sexuels. Ainsi nous sommes sans exception exposés aux désirs sexuels.

Les attirances sont réelles et nous les vivons à chaque moment de notre vie. En ce moment, il ne faut donc pas regarder à cette belle occasion de satisfaire la chair. Mais plutôt fixer le vilain Satan qui se tient derrière cette occasion de chute. C'est pour le diable un objet de joie que nous ayons céder aux pressions de notre chair.

C'est n'est pas la personne physique que nous voyons qui est la cause de notre chute mais plutôt notre propre chair. C'est a elle que nous devons en vouloir.

Ne l'oublions surtout pas, il nous donné de résister à la chair et au monde.

- ***Les problèmes dans le foyer***

Nous sommes porter souvent à être irriter contre notre compagne sans raison. L'un ou l'autre se lève le matin avec une humeur très dure et méchante envers sa compagne. La plupart du temps, l'on ne maîtrise pas vraiment la raison de cette colère. Alors la journée devient noire avec des parents noirs.

Dans le cas où c'est la femme qui est la victime. Monsieur ressent un dégout pour sa femme ; celle a qui il a fait promesse d'amour jusqu'à la fin de ses jours. Cette promesse était sincère mais à présent c'est tout à fait le contraire qui se fait savoir. Si vous lui demandez la raison de sa colère ; et qu'il s'affole sans pouvoir vous donner de raison valable alors je vous prie de ne pas vous tromper c'est la faute à Satan le destructeur. C'est bien lui qui créé cette situation pour vous séparer et briser la force de votre amour.

Même si vous savez que votre mari est devenu un '' coureur de jupon'' ; je dis devenu parce que parie qu'il ne l'était pas avant. Je vous assure que ce n'est pas lui mais Satan. N'oublions jamais que c'est un destructeur. Quand même vous aurez toutes les preuves ne vous donnez jamais les moyens pour agir de vous-mêmes. Vous êtes très limités et vous ne parviendrez pas à la bonne solution.

Vous serez peut-être en face à des cas où vous êtes confrontés à un ou des membres de la famille de votre époux. Peut-être diriez-vous que vos beaux parents envoient un agent destructeur de votre foyer et là je suis convaincu du fait que dès que vous parviendrez à cette conclusion vous essaierez de faire votre possible pour mettre fin à cette situation. C'est inutile vous ne pourrez rien. Ne vous attaquez ni la personne que vous voyez ou à vos beaux parents plus vous attaquez à Satan lui-même ; c'est lui le concepteur de ce désordre.

Prenons le cas où c'est l'homme la victime. La femme n'est plus soumise à son mari. Dans ce cas, vous devez faire preuve de beaucoup de patience si vous voulez sauver votre couple. C'est ce que nous appelons une insurrection maritale. Vous ne recevez plus aucun respect de votre épouse. Aucune retenue avant de vous lâcher des paroles injurieuses. Ne vous y trompez pas. Vous voyez bien les agissements de votre épouse mais je suis entrain de vous garantir que Satan utilise votre femme pour agir contre vous.

S'il y a donc quelqu'un qui doit prendre les coups de poings, être victime de vos injures, de toute votre colère c'est Satan.

Bien entendu vous voyez directement vos beaux parents, votre épouse ou votre époux.

Mais si vous vous attaquez à eux, vous aurez fait fausse route. Alors là Satan se réjouira de vous êtes trompés d'ennemi. Dans ce cas vous manquerez le vrai ennemi. Il sera heureux d'avoir atteint son objectif.

Beaucoup d'autres scènes se produisent dans le foyer, dans notre vie quotidienne, dans nos relations avec les autres mais je vous prie de ne pas voir l'être physique devant vous, ne voyez pas l'homme mais voyez celui qui se cache derrière c'est-à-dire Satan.

N'oubliez surtout pas que le foyer est chaud, il doit toujours contenir du feu et ce feu servira à faire la cuisine. Je vous parle du foyer pour la cuisine au village.

Le feu que doit porter votre foyer à besoin de s'enflammer d'où la pensée de flamme de l'amour, flamme de la paix, flamme de l'humour, flamme de la complicité…

Ce feu doit brûler fortement dans votre foyer. Refusez d'accepter les scènes de destructions que vous présente l'ennemi. Résister lui en refusant de tomber dans ses pièges. Refuser d'accepter ce qui est faux. Ne pensez nullement que c'est un homme qui s'est dressé contre vous, ce n'est pas l'homme votre problème.

Nous voulons que vous compreniez que votre adversaire, en réalité ne peut pas être l'homme mais plutôt le monde, la chair et Satan. Quand même vous êtes attaqués directement par un homme voyez toujours le véritable ennemi qui se cache derrière.

***Ephésiens 6 :12** « **Car nous n'avons pas à lutter contre la chair et le sang, mais contre les dominations, contre les autorités, contre les princes de ce monde de ténèbres, contre les esprits méchants dans les lieux célestes**. »*

Les hommes seront utilisés par l'ennemi contre nous dans notre vie mais ce ne sont pas eux le problème. Ils ne doivent donc pas prendre les coups de poings.

L'homme est sang et chair. C'est une victime de Satan tout comme vous et moi. Ceux qui veulent vous détruire : c'est votre chair, le monde, Satan et tous ses démons.

Celui qui nous hait et ne veut pas vous voir évoluer ce n'est pas votre mère. Même si vous avez reçu une révélation qu'une tiers personne dans votre famille ou dans votre entourage est la source de tous vos malheurs, ne vous en prenez pas à elle, vous devez continuer de l'aimer ; c'est votre amour pour cette personne et la démonstration de votre rage dans la prière et la résistance contre Satan qui vous qui vous libèrera de toutes ces œuvres.

Quand vous commencerez à lutter contre la chair et le monde, les dominations, les autorités, les princes de ce monde des ténèbres et les esprits méchants dans les lieux célestes plutôt qu'aux hommes vous serez en paix avec vous-mêmes et avec tous les autres.

L'enfer semble être les autres mais en réalité, l'enfer c'est notre propre chair, le monde dans lequel nous vivons et le diable.

CHAPITRE IX : LES ETAPES DE LA VICTOIRE

La victoire est assurée si nous marchons sur le chemin tracé devant nous par le Seigneur. Si nous sommes dans son plan puissant, JESUS ne nous abandonnera jamais.

Jésus est fidèle et quand Il parle, il fait ce qu'il dit sans en retirer un seul.

Ce combat que nous menons date de longtemps. Le monde et la chair combattent contre nous pour que nous pratiquions toujours le péché et que nous demeurons dans ce qui est abominable devant le Seigneur.

Ainsi, Satan, le profiteur trouve une occasion pour tout détruire dans nos vies et nous empêcher de voir la Gloire de Dieu.

Il y a un véritable combat contre nous et donc nous sommes aussi obliger de faire blocage, de résister par tous les moyens que le Seigneur met à notre disposition pour jouir de la liberté en Christ.

La victoire dont nous parlons suit des étapes. Nous devons :

1. ***Dépendre de Dieu Psaumes 18 :29-32 Psaumes 27 :1-2***

Compter sur Dieu seul. Ne point mettre ses regards à l'aide venant de l'homme. C'est lui notre force. C'est lui qui a le secret pour vaincre Satan.

Nous savons très bien que l'homme est limité encore plus il est mortel. Dès qu'il ne sera plus nous n'aurons plus d'aide.

Comptons sur le Seigneur Jésus; il ne trahit pas comme l'homme, il est illimité et éternel.

2. ***Se consacrer à Jésus-Christ*** **II Timothée 2 :4**

Toute notre parole doit être Jésus. Tout ce que nous possédons c'est Jésus et Lui seul. Nous devons passer beaucoup de temps avec Christ, Lui donner la première place de notre vie. Pour nous c'est Jésus et sa volonté d'abord.

3. ***Rester inébranlable dans le Seigneur Ephésiens 6 : 10-14, I Timothée 1 :18-19***

Le combat que nous menons est difficile mais restons sans jamais reculer et nous aurons la victoire. Quelque soit ce que nous vivons, nous devons plutôt voir la finalité c'est-à-dire la récompense qui nous est réservée, et Avancer, ne pas baisser les bras dans notre résistance.

4. ***Tenir dans la Foi I Jean 5 :4-5***

C'est la Foi que nous avons en nous qui nous garantie la victoire. Sans elle aucune victoire n'est possible. Le monde c'est Satan et ses œuvres ; la Bible nous rassure. Nous triomphons du monde par notre Foi.

5. ***Exercer l'abnégation I Corinthiens 9 : 26-27***

Nous devons être courageux et déterminés à ne plus nous laisser piétiner par Satan. Nous avons la victoire sur Satan et ses anges déchus.

6. Prier Ephésiens 6 :18

La prière est notre souffle dans la résistance. Tant que nous demanderons l'aide du Maître dans la prière, tant que nous aurons la victoire. Dieu a toujours le désir d'entendre notre voix. La voix des fils de résistance est une mélodie que Dieu désire inlassablement. Dieu ne se fatigue jamais de nous entendre crier à Lui.

7. Résistance pratique au diable

La résistance a besoin d'une foi ferme pour conduire à la victoire. L'ennemi nous ramènera toujours la même pensée. Tant que nous refuserons nous aurons toujours la victoire.

- Quand une bonne occasion se présentera à nous pour commettre le péché avec notre corps ; rappelons-lui aussi que nous sommes le temple du St-Esprit (***I Corinthiens 6 :19***). Ainsi nous devons lui dire à l'instant même que nous ne mettons pas n'importe quoi dans ce qui appartient au St-Esprit. Avouons à Satan que nous ne sommes pas n'importe qui. Nous

sommes aimer de Dieu et nous l'aimons en retour.
C'est ça la résistance ; elle est pratique.

- Quand il vient nous dire de prendre ce qui n'est pas à nous. Disons lui qu'il est écrit que tu ne déroberas point, c'est interdit par Dieu Lui-même. Dis lui qu'il est le seul à ne pas savoir cela ; ***Exode 20 :15***

- Quand il nous présentera la boisson pour nous enivrer. Rappelons lui que nous sommes fiers de loger le St-Esprit en nous alors pas question de faire ce qui va le repousser loin de nous.

- Quand nous avons des pensées conduisant à l'impudicité, l'adultère, la fornication…
Il n'y a pas de négociation à faire avec la chair. Nous devons être radicales. La chair nous entend quand nous lui parlons. Alors appelons la par son et ridiculisons la pour

l'emmener à se soumettre à nous. Nous pouvons donc dire ces paroles : *''Oh toi chair, tu sais très bien que je ne suis pas n'importe qui et qu'il n'y a rien entre toi et moi alors je ne ferai pas ce que tu me pousse à faire pour te satisfaire. Je ne me soumettrai pas à tes ordres mais c'est plutôt toi qui dois te soumettre à moi. Alors vas loin de moi au nom de Jésus!!! ''*

Ces paroles sont très fortes dans les oreilles de tous nos ennemis quand nous parlons avec fermeté.

CHAPITRE X : JÉSUS EST AVEC NOUS NE CRAIGNONS RIEN

Matthieu 4 :10

Jésus dit ***: «Retires-toi, Satan !!»***

C'est avec autorité que le PUISSANT JESUS parle. On ne négocie pas avec le diable ; il n'en est pas digne de négociation.

Avec cette grande autorité Jésus venait de ridiculiser le méchant. Lui Satan, qui se croyait tout permis et fort, est humilié par celui qui est plus fort, qui n'a et n'aura jamais de comparable dans sa puissance. Jésus démontre que Satan est faible et que c'est lui le PUISSANT JESUS qui possède l'autorité.

OOOHHH qu'il est bon d'appartenir véritablement à Jésus !!! Nous sommes pleins de confiance avec ce Jésus que nous avons trouvé. Il n'y a pas mieux.

NOUS SOMMES DONC LIBRES DE DIRE QUE NOUS AVONS UN HOMME FORT AVEC NOUS SANS NOUS TROMPER.

Si Jésus est en nous alors son autorité aussi. Tout ce que l'ennemi va faire contre nous ; c'est de s'attaquer à notre pensée. Quand il veut nous conduire au péché, nous rabaisser pour nous dominer, nous réduire à rien, nous ridiculiser, nous amener à nous voir inférieur aux autres, nous maintenir dans la prison de la boisson, de la cupidité, du vol, de la drogue… c'est dans notre pensée qu'il mène sa lutte et nulle part ailleurs.

C'est là que nous devons lui montrer qui se tient derrière nous et lui résister avec autorité. Nous avons intérêt à lui montrer notre force, cette capacité que Dieu nous a donné de lui résister.

Refusons toutes pensées qui nous viennent à l'esprit et qui ne sont pas conforme à la parole de Dieu.

La résistance se résume à faire blocage dans notre pensée à tout ce qui est immoralité, infériorité, toute œuvre pour nous dévaloriser, nous rendre nul. Nous devons donc être capables de dire à Satan et à ses démons que nous ne les aimons pas. Et aussi tenir ferme face aux de ce monde et maitriser notre chair.

Nous n'avons rien à craindre notre Dieu est avec nous pour nous donner la victoire.

Quand vous êtes le prince d'un royaume vous êtes aussi honoré de tous comme est honoré votre père. Et n'oubliez pas que les ennemis de votre père seront aussi directement votre ennemi.

Quelque soit celui qui se lèvera contre nous, nous n'avons rien à craindre à cause de l'armée de ce Dieu puissant qui est notre Père.

Nous avons un bras long avec nous. Ce bras est illimité, flexible et adapté à toutes les situations de notre vie. Jésus a reçu le pouvoir au-dessus de tout pouvoir.

Les Fils de résistance doivent être toujours tranquilles et sans crainte car Jésus est plus fort que tout autre. Nous dormirons sans crainte et nous réveillerons en paix et dans la joie.

Nous sommes des vainqueurs. Changeons notre manière de nous voir nous-mêmes car celui qui est avec nous est plus grand que celui qui dans ce monde. **I Jean 4 :4** .

Jésus a vaincu celle que tous les hommes craignent. La mort qui constitue le sujet primordiale de la crainte de l'homme est vaincue par notre père (***Hébreux 2 :14***). Nous n'avons plus rien à redouter car notre vie est différente des autres. Nous portons la marque des Fils de résistance dans notre esprit.

Les Fils de résistance, résistent parce qu'ils savent en qui ils ont cru ; parce que leur père est celui que l'on appelle le **Redoutable Seigneur**. C'est lui le commencement et la fin.

Comment une personne peut elle être le commencement et la fin si elle-même n'est pas le temps ?

Personne d'autre n'a la possibilité d'être le temps si ce n'est notre Père. Jésus est la force de notre force, le courage de notre courage, la puissance de notre puissance, le pouvoir de notre pouvoir. Il est tout pour nous. Nous n'avons donc pas à avoir peur de qui que ce soit.

En tant que **Fils de résistance** nous sommes désormais des guerriers prêts à affronter le petit Satan ; plus de raison de nous voir faible, de nous voir incapable.

Celui qui a fait de nous ses enfants légitimes à déployer Ses soldats les plus forts pour la sécurité et les besoins de Ses **Fils de résistance**.

Nous devons donc couronner le tout par des moments personnels de louange et surtout d'adoration sincère à l'Eternel.

Dans cette résistance nous avons un éminent ennemi très redoutable: c'est L'OUBLI.

L'oubli est naturel et c'est l'un des meilleurs amis de l'Homme. Pour dire que l'Homme oubli beaucoup.

Mais dans le cadre de notre résistance l'oubli est un ennemi de notre épanouissement. Voyons un malade mental qui oublie un jour de prendre ses médicaments. Deux heures après, il sort de chez lui pique une crise de folie, et étant dans la rue ; il commence à se mettre nu. A qui la faute ?

Certes l'oubli nous aide à évacuer de nos soucis, de nos mauvais souvenirs. Mais supposons que les hommes n'oubliaient pas. Ils allaient rendre tout le mal que leur a fait un tiers dans les moindres détails.

L'oubli ne pourrait pas nous aider à atteindre la victoire. L'oubli est un animal sauvage, incontrôlable et invisible, il ne se commande ni ne s'apprivoise, il efface ses traces et n'en fait qu'à sa tête. L'Homme n'arrive pas à maîtriser l'oubli. Il est insaisissable.

Supposons qu'après avoir lu cet ouvrage vous oubliez tout l'essentiel. Comment pourrez-vous mener votre résistance ?

Mon souhait c'est que ce livre soit pour vous, avec vous et en vous.

Du coup notre résistance première, c'est de résister à nous–mêmes pour ne jamais oublier les enseignements que nous donne dans ce livre.

Combattre l'oubli, c'est lire et relire chaque fois ce livre quand une phrase nous manque.

Louange et adoration

Nous devons glorifier l'Auteur de notre salut, lui être reconnaissant en toutes choses.

Que l'adoration et la louange à l'Eternel ne finissent jamais en nous, remplissent notre cœur et débordent de nos lèvres.

Il n'y pas plus mieux que de se sentir entouré de la gloire de Dieu ; passer un bon moment en sa présence dans l'adoration. Il est merveilleux de vivre et sentir la présence de Dieu par des frissons, des soupirs inexprimables. Aimons la présence de notre Père.

Magnifions-Le toujours pour que Satan sache que notre Dieu est le SEUL qui mérite la gloire, l'honneur, l'exaltation, l'élévation, la puissance au siècle des siècles. AMEN ET AMEN !!!

Conclusion

Le péché allonge la distance entre nous et notre bénédiction. C'est un manteau qui nous rend invisible quand bien même nous voulons que Dieu nous voie. C'est le manteau que nous devons jeter loin, abandonner pour recouvrir la vue au nom de Jésus.

Satan, notre chair et le monde nous aveuglent pour nous maintenir dans le péché; quand nous pratiquons le péché nos yeux ne peuvent pas voir les bénédictions que Dieu réserve à Ses enfants. C'est pourquoi il nous faut abandonner ce manteau sale pour que les écailles de nos yeux tombent. Ainsi nous pourrons entrer dans la Gloire du Père.

J'ai la pleine conviction que nos yeux s'ouvrent réellement sur les bénédictions, les grâces et la gloire de Dieu dans laquelle nous sommes.

Nous servons un Dieu capable de respecter Ses promesses. Rien ne Lui est impossible même pas la résurrection des morts, même pas le fait de maitriser la nature, même pas le fait de retirer de la poussière le pauvre pour le faire assoir à la table des grands de son pays, même pas le changement de la situation la plus compliquée et difficile de notre vie.

Nous qui étions effrayés par Satan, désormais nous sommes sa grande terreur. Je dirais que nous sommes le pire cauchemar de Satan. Il nous hait, ne voudra jamais nous laisser en paix ; mais nous savons comment lui faire blocage. Il est donc évident qu'il fuira loin de nous.

Toute personne qui a accepté ou acceptera le Seigneur Jésus comme Sauveur et Seigneur personnel de son âme et qui apprendra à résister comme le Seigneur nous l'enseigne sera un ***fils de résistance***.

Tous les ***fils de résistance*** sont plus que vainqueurs ; ils n'ont plus de limites. Dès qu'ils reçoivent l'autorisation d'agir de la part de leur Père, ils se lèvent et ne s'arrêtent plus.

En tant que ***fils de résistance,*** notons que la lecture et la méditation de la parole, la prière et le jeûne ne doivent point manquer dans notre programme quotidien. N'oublions pas que Satan a la phobie de ceux qui se soumettent à Dieu et que c'est devant ceux-là qu'il fuit.

Si vous arrêtez ou refusez de vous soumettre à Dieu, vous allez vous soumettre à Satan de force. Quand Satan vous soumet à lui de force, il détruit beaucoup dans votre travail, votre foyer, votre vie et dans la vie de votre entourage. Il fait de vous son prisonnier.

Je crois sincèrement qu'après avoir lu ces lignes, vous n'êtes plus celui qui fuit mais celui qui fait fuir. Vous avez le pouvoir de remettre en ordre les choses dans votre vie car vous êtes forts au nom de Jésus. Parlez à tous les démons que Satan envoie dans votre vie avec autorité et puissance comme votre Maitre Jésus. Les démons sont faibles comme leur maitre à eux.

Les choses se mettent en ordre désormais dans votre vie parce que vous prenez le temps de vivre une vie de résistance.

Ni le monde, ni la chair, ni Satan ne peut être maître de votre vie car le Seigneur Jésus vous rend plus que vainqueur.

Je souhaiterais vous demander de ne pas vous limiter seulement à ce livre. Ne soyez pas satisfait de ce que vous savez. Cherchez toujours, interrogez ceux qui savent un peu plus que vous avec humilité, demandez au Père de vous révéler plus de mystères sur le monde, sur les œuvres de la chair, sur Satan et son royaume, qu'Il vous montre plus de stratégies dans votre résistance.

Enfin, amoureux du Seigneur Jésus et précieux lecteur, avant que vous ne déposiez ce livre, laissez-moi vous faire ce questionnaire en guise de révision :

1. Quel péché vous dominait ?
2. Ce péché est-il encore là ?
3. Quel changement le Seigneur Jésus a-t-il apporté dans votre vie?

4. Etes-vous certain de toujours vous soumettre à Dieu ?
5. Y a-t-il encore un secret pour vous dans la résistance?
6. Pourriez-vous enseigner la résistance à une autre personne ?
7. A qui voulez-vous enseigner cette résistance ?

Toutes les réponses à ces questions sont en vous, amoureux du Seigneur Jésus et Précieux lecteur.

Puisse je finisse avec ce beau passage de puissance de l'évangile selon ***Luc*** ;

Luc 10 :19 «Voici, je vous ai donné le pouvoir de marcher sur les serpents et les scorpions, et sur toute la puissance de l'ennemi, et rien ne pourra vous nuire »

Demeurez béni de faire plus d'exploits dans la résistance. Je vous aime mais Dieu vous aime plus que tout car vous êtes Sa plus grande richesse.